Thomas Bossert

Enterprise Application Integration - EAI

Das Zusammenführen von Insellösungen

I0013303

Thomas Bossert

Enterprise Application Integration - EAI

Das Zusammenführen von Insellösungen

GRIN Verlag

Bibliografische Information der Deutschen Nationalbibliothek: Die Deutsche Bibliothek verzeichnet diese Publikation in der Deutschen Nationalbibliografie; detaillierte bibliografische Daten sind im Internet über http://dnb.d-nb.de/ abrufbar.

1. Auflage 2003
Copyright © 2003 GRIN Verlag
http://www.grin.com/
Druck und Bindung: Books on Demand GmbH, Norderstedt Germany
ISBN 978-3-638-95566-9

Enterprise Application Integration - EAI

September 2003

Thomas Bossert

Inhaltsverzeichnis

Abbildungsverzeichnis

1. Einleitung

Ein IT-Verantwortlicher hat es in der heutigen Zeit wahrlich nicht einfach. Schrumpfende Budgets aufgrund anhaltender Konjunkturschwäche und Kostensenkungsprogramme innerhalb der Firma sind ein Grund hierfür. Verstärkt werden diese Unsicherheiten zudem durch den stetig schneller voranschreitenden Technologiewandel gerade im IT-Bereich. Eine Investitionsentscheidung wird einem somit nicht leicht gemacht. Auf der einen Seite stehen die Anbieter, die ihre Produkte und Dienstleistungen als „den Durchbruch" und „das Unverzichtbare" anpreisen, und auf der anderen Seite muss der Unternehmer immer sorgfältiger darüber entscheiden, was denn nun angebracht ist, sich rentiert und dem Unternehmen wirklich einen Fortschritt bringt. Die Tatsache, dass immer mehr neuartige Software und Ideen auf den Markt kommen heißt dabei nämlich lange nicht, dass diese auch so derartig neu und innovativ sind wie von den Entwicklern angepriesen. Diese müssen bei immer grösserem Wettbewerb immer mehr Phantasie entwickeln um ihre Produkte „neu zu verpacken" – sie neu erscheinen zu lassen. Heutzutage ist es Gang und Gebe fortlaufend mit neuen „Modewörtern" aufzukreuzen und neue Hypes einzuläuten. Die vorangegangenen Hype-Themen kennt auch jeder IT-Laie: Schlagwörter wie „e-business", „WAP", „Online Brokering" oder auch „Application Service Providing" geisterten durch die Firmen, durch Hörsäle und durch die Medien. Viele dieser Hype-Themen werden oft marketingmäßig so aufgebauscht, dass man denken könnte völlig neuartige Durchbrüche stehen an. Doch oft entpuppen sich solche Schlagwörter dann als schon da Gewesenes welches einfach eine neue Worthülle bekommt, um neu auszusehen und um sich besser zu verkaufen.

Das aktuellste Schlagwort im IT-Bereich ist wohl das Thema Enterprise Application Integration, kurz EAI. Dabei ist das Thema „Integration" ja nun schon lange etwas Altbekanntes innerhalb der Unternehmen. Somit stellt sich die Frage, ob auch hier wieder mal nur „alter Wein in neue Schläuche" gepackt wurde, oder ob es sich tatsächlich um eine richtungweisende Neuheit handelt.

Diese Arbeit beschäftigt sich mit dem Thema EAI und dessen aktuelle Entwicklung. Es wird diese spezielle Idee und Methodik der Softwareintegration vorgestellt, wobei die Architektur des EAI-Prinzips aufgezeigt und der Markt genauer beleuchtet wird. Auch soll der Frage nachgegangen werden, ab wann und wofür sich eine Investition in EAI lohnt und worauf dabei geachtet werden muss.

2. EAI – Eine höhere Stufe der Anwendungsintegration

Wie bereits angesprochen ist Integration im Anwendungsbereich nichts Neues. Die Anwendungsintegration bzw. ganzheitliche Lösungen innerhalb der Systemlandschaft eines Unternehmens gehen bereits einige Jahre zurück. So kann die Verschmelzung beispielsweise durch ein (neues) Anwendungssystem (siehe SAP R/3 mit den verschiedenen zusammenhängenden Funktionsmodulen) oder durch die lose Kopplung bestehender und getrennt bleibender Systeme (mit so genannter „Middleware" oder selbst erstellten „Point-to-Point" Verbindungen) geschaffen werden. Die Neuheit bei EIA liegt darin, dass die Integration über die Datenebene hinaus geht und zusätzlich auf der Prozessebene stattfindet. Es soll eine standardisierte Integrationsplattform angeboten werden, und dem Insellösungsansatz bisheriger IT-Landschaften endgültig Abhilfe geschaffen werden.[1]

Wie diese Idee umgesetzt werden soll wird das nächste Kapitel zeigen.

2.1   Definition und Architektur von EAI

Da das Thema EAI noch relativ „jung" ist, muss eine klare Abgrenzung und Definition erfolgen, was darunter genau zu verstehen ist. Das Problem ist, dass viele Anbieter oft solch neue Schlagwörter und deren Werbekraft nutzen, um speziell ihre eigene Integrationsprodukte herauszustellen. Doch oft verkörpern diese nicht den korrekten EAI-Gedanken. Eine in der Literatur gängige Methode, EAI zu klassifizieren, ist die Orientierung anhand des Ebenenmodells. Die EAI-Lösung kann man sich dabei als eine prozessorientierte Integrationsplattform (eine Art „Datendrehscheibe") vorstellen, welche im Wesentlichen aus drei Ebenen besteht:

- Datenebene
- Objektebene
- Prozessebene

In der Datenebene werden die angefallenen Datenobjekte wie Dateien, Messages, Programme etc. von der Datenquelle zur –senke transportiert. Hier muss insbesondere ein sicherer Transport auch bei Systemstörungen ohne jeglichen Datenverlust garantiert sein – es darf kein Datenobjekt verloren gehen.

---

[1] Vgl. Information Management & Consulting 17; „Nahaufnahme vom EAI-Markt", o. V., S. 98

Die Aufgabe der Objektebene ist es, die in einem bestimmten Format mit einer für die Anwendung spezifischen Semantik vorhandenen Daten in ein anderes, für das Zielsystem notwendiges Format unter Beibehaltung der Semantik zu konvertieren.

Diese Arbeit würde mit den heute bereits vorhandenen üblichen Point-to-Point-Verbindungen für jede Schnittstelle von neuem beginnen. EAI löst diese Problematik durch den Übergang zu vernetzten Hub-and-Spoke-Verbindungen, bei denen die benötigten Datenobjekte wieder verwendet werden können. Dadurch ist ein erhebliches Einsparpotenzial beim zukünftigen Einbinden neuer Anwendungen gegeben.

Die Neuigkeit und das Hauptmerkmal einer EAI-Lösung stellt allerdings die Prozessebene dar. Hier wird die Planungs- und Steuerungslogik der Geschäftsprozesse in der Integrationsplattform abgebildet.[2] Somit wird eine teilweise Automatisierung und Überwachung der integrierten Geschäftsprozesse realisiert und die zentrale Kontrolle durchgeführter Kommunikationen innerhalb der EAI-Lösung gewährleistet.[3]

Zusätzlich sind bei einem EAI-Modell folgende ebenenübergreifende Dienste zu finden:

- Scheduling (zeitliche Prozesssteuerung)
- Monitoring (Anzeige von Statusinformationen)
- Reporting (Sammlung + Aufbereitung techn. / statistischer Daten)
- Load-Balancing (Lastverteilung bei Lastspitzen)

---

[2] Vgl. HMD 225, Juni 2002, Dangelmaier/Pape/Lessing/Rüther, „Klassifikation von EAI-Systemen", S. 62f

[3] Vgl. HMD 225, Juni 2002, Schmietendorf/Dimitrov/Lezius/Dumke, „EAI–Reifegrad, Architektur und Vorgehensweisen", S. 75

4

Die folgende Abbildung verdeutlicht den Aufbau der Integrationsebenen des EAI-Modells:

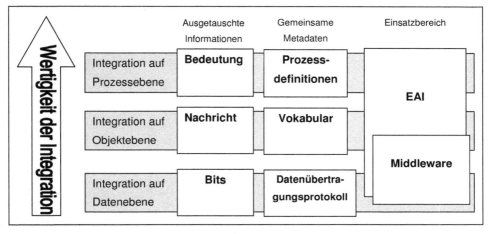

Abb. 1: EAI Architektur – Ebenen der Integration[4]

2.2 Nutzen und Motivation für EAI

Viele IT-Entscheider stehen heute vor der Frage, ob sie sich pro EAI entscheiden sollen. Doch was macht EAI aus, und welcher Nutzen wird davon erwartet? Im Folgenden wird hierauf eingegangen.

Mittels EAI können Daten und Geschäftsprozesse auf der Basis netzwerkbasierter Applikationen oder Datenquellen unternehmensweit und auch unternehmensübergreifend genutzt werden. Durch die Einführung eines EAI-Tools kann eine flexible Infrastruktur aufgebaut werden, die es ermöglicht, sämtliche bestehende Systeme einer Unternehmung auf Workflow-Ebene zu verknüpfen und zukünftige Änderungen der Geschäftsprozesse bzw. Schnittstellen sowie Einbindung neuer Systeme einfacher, schneller und günstiger durchzuführen. Dabei setzt EAI vor allem mit zwei Hebeln an:

- Durch die Bildung von wieder verwendbaren Komponenten aus Anwendungen und Informationsobjekten können die Geschäftsprozesse in einer EAI-Lösung modular zusammengestellt und damit auch schnell verändert werden.

---

[4] Vgl. HMD 225, Juni 2002, Dangelmaier/Pape/Lessing/Rüther, „Klassifikation von EAI-Systemen", S. 62

5

- Durch die Einführung einer Integrationsplattform kann die Anzahl und Komplexität der Schnittstellen zwischen den einzelnen Anwendungssystemen deutlich verringert werden.

Ein großer Nutzen beim Einsatz von EAI-Tools erwartet man im Bereich der Geschäftsprozessanpassung und der Geschäftsprozessoptimierung. In einem EAI-Tool ist die Modellierung der Geschäftslogik getrennt von der Programmierung der Schnittstellen zu den am Prozess beteiligten Systemen. Somit können die Schnittstellen und die Geschäftslogik separat bearbeitet werden, wodurch sich der Aufwand für Veränderungen erheblich reduziert. Dies ermöglicht jederzeit die softwareseitige optimale Unterstützung der Geschäftsprozesse.[5]

Dieser Nutzen stellt ein Hauptargument dar, wenn es darum geht eine EAI-Einführung aus betriebswirtschaftlichen Gesichtspunken zu betrachten. Eine entscheidende Rolle spielt dabei die Anzahl der Schnittstellen und vor allem die Anzahl der zukünftig zu erwartenden Schnittstellen. Hierzu wird im späteren Verlauf dieser Arbeit noch genauer Stellung genommen. Zusammenfassend können folgende Ziele mit der Einführung von EAI genannt werden:

- Optimierung der GP-Performance (Time-to-Market)
- Integration heterogener Systemwelten
- Automatisierung und Dynamisierung von Geschäftsprozessen
- Vermeidung von redundanten Daten und Funktionalitäten
- Minimierung der Systemkomplexität
- Vereinfachung der Wartung und Administration
- Zentralisierung der Kontrolle durchgeführter Zugriffe
- Vermeidung von Offline-Schnittstellen[6]

Mit den dargestellten Erwartungen an EAI-Lösungen verbinden sich für die Entwicklung solcher Systeme vielfältige organisatorische, technologische und technische Herausforderungen. Hierzu ist es interessant den EAI-Markt genauer unter die Lupe zu nehmen, was im nächsten Kapitel erfolgen wird.

---

5 Vgl. CRM-Systeme, Buhl/Christ/Dangelmaier/Pape/Rüther, „Systementscheidung EAI", S. 231
[6] Vgl. HMD 225, Juni 2002, Schmietendorf/Dimitrov/Lezius/Dumke, „EAI–Reifegrad, Architektur und Vorgehensweisen", S. 72f

3. Der EAI-Markt

Der Markt der EAI-Anbieter hat sich bisher von Beginn an als sehr dynamisch gezeigt. Deshalb lohnt es sich, die Struktur und aktuelle Entwicklungen genauer aufzuzeigen. Hieraus können Trends und weitere Potentiale für die Zukunft abgeleitet werden.

„Anbieter sucht Kunde" – so kann die derzeitige Situation auf dem Markt für EAI-Lösungen kurz und prägnant ausgedrückt werden. Aufgrund der allgemein schlechten Konjunkturlage und der deshalb abgespeckten und fest verschnürten IT-Budgets sind IT-Verantwortliche oft blockiert in ihrem Tatendrang. Das bekommt natürlich eine neue, noch relativ innovative Technologie, wie es EAI nun mal ist, am stärksten zu spüren. Studien zufolge können Anbieter und Dienstleister langfristig jedoch mit guten Geschäften rechnen, denn der Bedarf nach standardisierter Integration heterogener DV-Landschaften ist bedeutend groß. Ein weiterer Vorteil der für EAI spricht ist dabei auch das Kostensenkungspotential welches durch den Einsatz von EAI herbeigeführt werden kann. Doch zum Thema „rentieren" bzw. „Return on Invest" wird erst später Stellung genommen.[7]

Zunächst soll kurz auf die Anbietersituation im EAI-Markt eingegangen werden. Es ist festzustellen, dass sich Anbieter unterschiedlichsten Ursprungs auf diesem Feld zu betätigen versuchen. Speziell neu gegründete Softwareschmieden die ihr Geschäft voll und ganz auf EAI ausgerichtet haben (als Beispiel können hier Tibco, Seebeyond oder Mercator genannt werden) treffen auf „Herausforderer", die schon länger im Integrations-Bereich tätig sind und nun auch etwas vom Kuchen der neuen EAI-Schiene abhaben wollen. Zu nennen sind hier z.B. so genannte „Middleware-Giganten" wie Bea Systems, iPlanet oder IBM.

Eine weitere Rolle im EAI-Markt spielt SAP. Hierbei jedoch nur indirekt, da das Walldorfer Unternehmen selbst keine dedizierte EAI-Lösung, welche einer strengen EAI-Definition gerecht werden würde, anbietet. Jedoch stellt das SAP R/3 System an sich eine mehr oder weniger integrierte Lösung dar. Und gerade dieses R/3 System beeinflusst den deutschen EAI-Markt deutlich: Die starke Präsenz von SAP R/3 in Deutschland hat zur Folge dass der Integrationsbedarf hierzulande eigentlich recht gering ausfällt. Dies erklärt auch warum der EAI-Markt in Deutschland noch recht bescheiden ausfällt und im internationalen Vergleich hinterherhinkt.

---

[7] Vgl. Keller, W.; Enterprise Application Integration, 2002, S. 11f

7

Nach aktuellen Ergebnissen aus Branchenerhebungen der PAC-Marktforschung wurden in Deutschland im Jahr 2001 rund 300 Millionen Euro mit „echten", der Architektur-Definition (siehe Kapitel 2.1) entsprechenden EAI-Produkten umgesetzt. Dabei entfielen 130 Millionen Euro auf Software Produkte an sich und 170 Millionen Euro auf Dienstleistungen rund um EAI (Einrichten, Konfigurieren, Administrieren und Schulen der EAI-Produkte zum Beispiel).

Bis zum Jahr 2005 wird mit einer durchschnittlichen jährlichen Wachstumsrate von 53 Prozent gerechnet. Dabei steht bei der zukünftigen Marktbetrachtung bei allen Beteiligten und Beobachtern vor allem die Amortisationsentwicklung mit der RoI-Berechnung im Vordergrund. Entscheidend ist, wie sich eine Investition in EAI für ein Unternehmen rentiert bzw. wie viele Kosten eingespart werden können. Ein „Rückfluss" ergibt sich im Wesentlichen durch die Kosteneinsparungen, die durch die EAI-Maßnahme realisiert werden können. Wichtig dabei ist, nicht nur die IT-bedingten Kosteneinsparungen zu betrachten, sondern auch jene die durch die Optimierung und Automatisierung von Geschäftsprozessen realisiert werden können.[8] Nur wenn sich dieses Konzept für die Unternehmen rechnet werden sie auch investieren und der Markt an Fahrt gewinnen. Da bisher keine längerfristige, praktische Erfahrung mit EAI bezüglich dessen Rentabilität gesammelt werden konnte, sind Aussagen hierüber bisher nur über theoretische „Rechenhypothesen" machbar. Dies dürfte bislang mit ein Grund dafür sein, warum sich viele IT-Verantwortliche noch mit einer Investition in EAI zurückhalten. Die Vergangenheit, mit dem brutalen Platzen der IT-Blase, hat hier Einigen gezeigt, wie wichtig vernünftige Kalkulationen und Prognosen sind bzw. wie schwierig es ist, zukünftige Trends und Investitionserfolge vorauszuahnen. Doch mit zunehmendem Einsatz von EAI und sicherlich positiven Praxiserfahrungen könnte sich eine kleine „Investitionswelle" ausbreiten, da „vielen deutschen Unternehmen das Thema EAI unter den Nägeln brennt", wie es Dr. Wolfgang Martin von der Research Fellow der Meta Group beschreibt. Auf genauere Zahlen, wann und für wen sich eine Investition in EAI rechnet, wird im nächsten Kapitel eingegangen.

Ein weiteres Merkmal des EAI-Marktes neben der Nachfragezurückhaltung ist die sehr starke Fragmentierung auf der Anbieterseite. Es gibt sehr viele Anbieter und keinen großartigen Ausreißer mit relativ hohem Marktanteil. Das heißt der Marktanteil pro Anbieter ist relativ gering. Der höchste Marktanteil 2001 in Deutschland wird von *TIBCO Software* mit lediglich 5,38 Prozent erreicht. Danach folgen *Sybase*, *CrossWorlds Software* (heute IBM) und *See-*

---

[8] Vgl. Information Management & Consulting 17; „Nahaufnahme vom EAI-Markt", o. V., S. 98

beyond Deutschland mit ca. fünf Prozent. Erwähnenswert ist auch, dass 19 Unternehmen mit den größten Marktanteilen (also die ersten 19 sozusagen) zusammen lediglich 58 Prozent des Gesamtmarktes ausmachen. Damit wird die Situation klar sichtbar: es gibt noch viele kleine Anbieter die sich in diesem neuen Feld probieren möchten. Allerdings hat bereits ein beachtlicher Konzentrationsprozess eingesetzt. Viele kleine spezialisierte Firmen werden von den Großen bekannten geschluckt (siehe *Crossworld* und *IBM*). Gleichzeitig befinden sich vor allem amerikanische Unternehmen wie die Anbieter *Vitria*, *webMethods*, *Seebeyond* oder *Mercator* auf dem Rückzug. Die Gründe hierfür sind vor allem finanzielle Schwierigkeiten aufgrund hoher Forschungs- und Entwicklungskosten und natürlich auch die schon angesprochene Nachfrageschwäche. Zu den amerikanischen Anbietern und speziell zum amerikanischen Markt bleibt außerdem zu sagen, dass hier der Konzentrations- und Konsolidierungsprozess bereits weiter fortgeschritten ist als in Deutschland. Hier fanden in der jüngsten Vergangenheit vermehrt Übernahmen wie z.B. von *New Era of Networks* durch *Sybase* oder *Extricity* durch *Peregrine Systems* statt und auch die angesprochenen Rückzüge häufen sich.[9]

Letztlich werden weltweit wohl die traditionellen, großen Firmen wie IBM, SAP, Sun, Microsoft, Bea und Oracle zunehmend die innovativen Spezialisten schlucken und den Markt unter sich aufteilen. Deren Trümpfe sind der längere Atem, sowie das bessere Image, denn nach der geplatzten E-Business-Blase suchen IT-Anwender wieder zunehmend nach großen, stabilen Anbietern.

Die zwei folgenden Grafiken zeigen den Stand des Jahres 2001 auf den beiden für diese Arbeit interessantesten Märkten *Deutschland* und *USA* auf, wobei der angesprochene Unterschied, also die starke Fragmentierung in Deutschland und die fortgeschrittene Konsolidierung in den USA deutlich sichtbar wird:

---

[9] Vgl. CRM-Systeme, Buhl/Christ/Dangelmaier/Pape/Rüther, „Systementscheidung EAI", S. 247

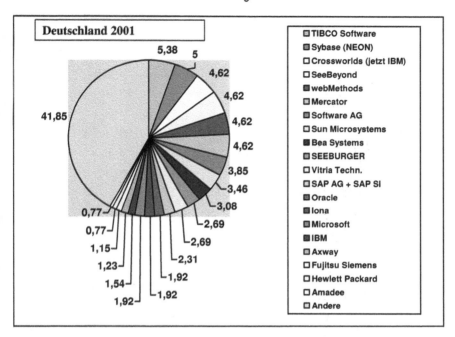

Abb. 2: Anbieter auf dem deutschen EAI-Markt mit Marktanteilen in Prozent – Legende beginnt ab 12 Uhr (5,38% = TIBCO, 5% = Sybase, usw.)[10]

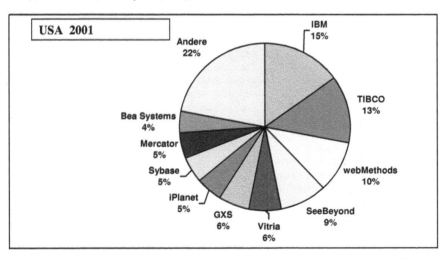

Abb. 3: Anbieter auf dem US-Amerikanischen EAI-Markt mit Marktanteilen in Prozent[11]

---

[10] Vgl. Information Management & Consulting 17; „Nahaufnahme vom EAI-Markt", o. V., S. 99

Als Fazit bleibt zu sagen, dass der EAI-Markt langfristig gesehen äußerst attraktiv erscheint. Mit der allgemeinen Erholung der Wirtschaft und des IT-Marktes wird auch die Nachfrage nach EAI-Produkten ansteigen. Im Moment werden die dringendsten Integrationsbedürfnisse im Rahmen kundenspezifischer Programmierungen abgedeckt, um die IT-Budgets zu schonen, was aber nur eine kurzfristige Lösung darstellen kann. Wie die Prognosen der Marktforscher voraussagen, sollte dem EAI-Markt also ein überdurchschnittliches Wachstum bevorstehen, wobei die jetzt noch große Anzahl der verschiedenen Anbieter einer Struktur weichen wird, in der die üblichen Grossen das Sagen haben werden.[12]

4. Die Investition in EAI – Entscheidung und Auswahl

Die Fragen die sich derzeit wohl vielen Unternehmen und vor allem den IT-Verantwortlichen stellen lauten wahrscheinlich wie folgt: „Soll man in EAI investieren?", „Reicht meine bisherige Integrationsmethode aus" oder „Ab wann lohnt sich für mich eine Investition in EAI". Letztendlich fällt die Entscheidung für oder gegen EAI anhand einer Wirtschaftlichkeitsrechnung. Nach welchen Kriterien lässt sich diese Frage entscheiden? Dieses Kapitel gibt zunächst einen Überblick zur Rentabilität einer EAI-Einführung, und worauf dabei zu achten ist. Des Weiteren werden Entscheidungs- und Auswahlkriterien aufgezeigt, die bei der Suche nach einem für das Unternehmen geeigneten Produkt helfen sollen.

4.1 Wirtschaftlichkeit einer EAI-Investition

Für EAI werden zwar viele technische und organisatorische Vorteile angeführt. Den Ausschlag für eine fundierte und vor allem auch anderen Verantwortlichen außerhalb des IT-Bereiches nachvollziehbare Entscheidung gibt letzten Endes in aller Regel nur die wirtschaftliche Perspektive. In diesem Kapitel wird erläutert, wie sich die Rentabilität einer EAI-Lösung ermitteln lässt. Die Betrachtung fokussiert dabei natürlich lediglich auf Integrations-Server die der strengen Definition von EAI gerecht werden (siehe Kapitel 2.1). Dies kann beispielsweise die „E-Business Integration Suite" von *Seebeyond*, die „Active Enterprise Suite" von *Tibco* oder „Businessware" von *Vitria* sein. Das entscheidende bei diesen Produkten ist, dass recht hohe Lizenzgebühren anfallen, was eine hohe Anschaffungsinvestition und damit ein großer Fixkostenblock bedeutet. Einer Wirtschaftlichkeitsbetrachtung unterliegen zudem Aufwendungen für Implementierung, Betriebsführung und Wartung der Anwendungen und Schnitt-

---

[11] Vgl. CRM-Systeme, Buhl/Christ/Dangelmaier/Pape/Rüther, „Systementscheidung EAI", S. 247

[12] Vgl. www.computerwoche.de (Computerwoche online), „Die Geschäfte gehen noch schlecht"; 31.10.2002

stellen. Indirekte Kosteneinsparungen durch Prozessoptimierung und –automatisierung, die sich durch die Einführung einer EAI-Lösung ebenfalls ergeben können, sind nur sehr schwer und vage zu prognostizieren und kalkulieren. Diese Einsparungen sollten deshalb zunächst nicht in eine konkrete „Return on Invest"- Berechnung einfließen, sondern eher danach ergänzend herangezogen werden.[13] Dass im Geschäftsprozessbereich jedoch auf jeden Fall gespart werden kann zeigt eine Umfrage der Meta Group. Demnach gaben 43 Prozent aller befragten Unternehmen an, Kosteneinsparungen zwischen 11 und 20 Prozent durch Prozessoptimierung und –automatisierung realisiert zu haben. Somit kann dies auf jeden Fall als ein entscheidender Faktor „pro" EAI herangezogen werden, wenn eine Investitionsrechnung (ohne die Einbeziehung dieser indirekten Kosteneinsparungen) relativ knapp für oder gegen die Einführung von EAI spricht.[14]

Voraussetzung für die Erstellung einer aussagekräftigen Wirtschaftlichkeitsrechnung ist ein unternehmensweiter IT-Bebauungsplan, mit dessen Hilfe unter anderem die Anwendungs- und Schnittstellen-Landschaft optimiert wird. Dies stellt die Grundlage für die anstehenden Berechnungen dar. Dabei werden Einsparpotentiale, welche sich durch den Einsatz von EAI im Vergleich zu herkömmlichen Techniken ergeben, dem Mehraufwand gegenübergestellt, den das EAI-Tool verursacht. Wichtigster Faktor im Hinblick auf die Rentabilität ist dabei die Anzahl der Schnittstellen. Sie sind die Treiber der Einsparpotentiale. Dies liegt daran, dass die Implementierung von Schnittstellen mit einem EAI-Tool deutlich günstiger ist, als herkömmliche Punkt-zu-Punkt-Schnittstellen. Grund dafür ist der geringere Aufwand für Implementierung, Wartung und Betriebsführung bei EAI-Schnittstellen. Wichtig ist dabei, dass geplante und bereits bestehende Schnittstellen differenziert betrachtet werden müssen. Ist eine Schnittstelle bereits implementiert und in Betrieb, müssen die über das EAI-Tool möglichen Einsparungen mit dem bereits geleisteten Implementierungsaufwand plus der Arbeit inklusive Risiko einer Neuimplementierung verglichen werden.

Eine Neuimplementierung von bereits bestehenden Schnittstellen lohnt sich deshalb in der Regel nur, wenn die Schnittstellen hinsichtlich Betrieb und Wartung sehr teuer sind, bzw. das Risiko einer Neuimplementierung gering ist. Laut der Unternehmensberatung Arthur D. Little stellt die Neuimplementierung bestehender Schnittstellen zwar einen Zusatznutzen dar, dieser sollte aber aufgrund des Risikos nicht als Hauptnutzen einer EAI-Einführung herangezogen werden. Dies hat zur logischen Folge, dass die Wirtschaftlichkeit eines EAI-Produktes

---

[13] Vgl. www.computerwoche.de (Computerwoche online), „Wann sich eine EAI-Lösung rechnet"; 31.10.2002
[14] Vgl. Information Management & Consulting 17; „Nahaufnahme vom EAI-Markt", o. V., S. 99

nicht auf der Grundlage bereits existierender, sondern nur auf der Basis zukünftig geplanter Schnittstellen beurteilt werden sollte. Die Kosten einer Schnittstelle werden maßgeblich von zwei Faktoren bestimmt: Art der Schnittstelle und die Häufigkeit der Datenübertragung. Bei der Betrachtung der Art hat es sich zu Analysezwecken bewährt drei verschiedene Typen zu unterscheiden:

- Online-Schnittstelle (auf der so genannten Objekt-Ebene des Integrationsmodells einschließlich Datentransformation)
- Offline-Schnittstelle (Datenaustausch einschließlich Datenaustausch im Batch-Verfahren) und
- Reine Daten-Schnittstelle ohne Datentransformation.

Die daraus abgeleitete Komplexität hat unmittelbaren Einfluss auf die für Implementierung, Betrieb und Wartung anfallenden Kosten.

Die Häufigkeit der Datenübertragung beeinflusst den Aufwand der Betriebsführung einer Schnittstelle. Hier können stündliche, tägliche, wöchentliche oder noch seltenere Datenübertragungen unterschieden werden. Vereinfachend wird eine Halbierung der Administrationsaufwands zwischen den einzelnen Häufigkeitsstufen angenommen.

Pauschal kann zunächst gesagt werden, dass sich eine Anschaffung von EAI nur dann lohnt, wenn in naher Zukunft viele neue Schnittstellen benötigt werden. Davon geht unter anderem auch Arthur D. Little aus. Dabei liegt die Betonung vor allem auf „viele". Aufgrund der relativ hohen Fixkosten, welche oft vor allem durch die für EAI-Software typischerweise hohen Lizenzkosten entstehen, sollten mindestens 40 Schnittstelle mit Hilfe des EAI-Tools implementiert werden, um einen positiven Kapitalwert innerhalb der ersten drei Jahre zu erreichen. Hier erkennt man deutlich die Problematik: Sehr kleine Unternehmen oder einzelne Bereiche einer Firma werden wohl kaum auf diese Anzahl von Schnittstellen kommen. Damit ist klar, dass bei größeren Unternehmen eine EAI-Anschaffung stets bereichsübergreifend, sprich für das gesamte Unternehmen in das Blickfeld genommen werden muss. Damit kann die notwendige Anzahl von Schnittstellen mit größerer Wahrscheinlichkeit erreicht werden.[15]

---

[15] Vgl. Nußdorfer, R.; Das EAI-Buch, 2000, S. 28f

Ein kleines Rechenbeispiel soll die Gesamtthematik zur Wirtschaftlichkeitsrechnung noch mal etwas verdeutlichen:

Für die Implementierung einer Schnittstelle ergeben sich im konkreten Fall eines großen deutschen Energieversorgers Einsparungen zwischen 1.000,- Euro (reiner Datenaustausch mit niedriger Komplexität) und 14.000,- Euro (Online-Schnittstelle mit hoher Komplexität). Gewichtet mit der Anzahl der Schnittstellen pro Schnittstellenart resultiert daraus eine durchschnittliche Einsparung pro Schnittstelle von 6.000,- Euro pro Jahr. Den Einsparungen gegenüber stehen die Investitionen für den Integrations-Server. Um die Kosten der Tool-Implementierung abzuschätzen, sind im Kalkulationsmodell die Projektaufwendungen zu berücksichtigen. Dabei handelt es sich um Personalkosten bzw. externe Beratungsleistungen, die zur Auswahl und Implementierung notwendig sind. Hierbei schwanken die Erfahrungswerte (ohne die Implementierung der Schnittstellen) zwischen 200.000,- und 250.000,- Euro. Der Aufwand für die Betriebsführung des Tools setzt sich aus den Abschreibungen für Netzwerk, Hardware und den fixen Lizenzgebühren sowie den Kosten für Tool-Administration und Rechenzentrum (z.B. Miete und Instandhaltung etc.) zusammen.

In der Regel leiten sich die fixen Lizenzkosten aus der Hardwarekapazität (in der Regel Prozessoreinheiten) ab. Der Betrag von 400.000,- Euro für eine Implementierung mit 80 bis 100 Schnittstellen hat sich als grobe Richtgröße bewährt. Dieser Betrag muss als eine Einmalzahlung am Beginn des Projektes eingeplant werden. Bei einer Abschreibungsdauer von vier Jahren für Lizenz-, Hardware- und Netzwerkaufwendungen ergibt sich somit ein Betriebsführungsaufwand zwischen etwa 120.000,- und 180.000,- Euro pro Jahr. Die Wartung für das Tool an sich kann mit 25.000,- Euro pro Jahr für das Einspielen von Bugfixes und anderen Aufgaben veranschlagt werden.

Die Wirtschaftlichkeitsrechnung wird anhand der Kapitalwertmethode durchgeführt: eine Wirtschaftlichkeit ist dann gegeben, wenn der Kapitalwert der Summe aus Investitionen und Einsparungen größer null ist. Dabei wird ein interner kalkulatorischer Zinsfuß angesetzt, den es gilt mindestens zu erreichen. Dieser liegt oft im Bereich des aktuellen Geldmarktzinses plus eines Risikoaufschlags. Im vorliegenden Fall ergibt dies in etwa zehn Prozent.

Bei der Gegenüberstellung der Aufwendungen für die EAI-Tools und der Einsparungen bei den Schnittstellen ergibt sich im Fall des Energieversorgers ein positiver Kapitalwert in Höhe von einer Million Euro. Dabei wurden 70 Schnittstellen und ein Zeitraum von fünf Jahren be-

14

trachtet. Bei diesem Ergebnis sollte also auf jeden Fall eine Investition in EAI durchgeführt werden. Dabei sollte noch einmal erwähnt werden, dass wahrscheinliche indirekte Kosteneinsparungen durch Prozessoptimierung und –automatisierung hierbei noch gar nicht eingeschlossen waren.[16]

Neben der Frage ob in EAI investiert wird, stellt sich natürlich noch ein Weitere: wie geht man bei der Suche nach dem für das eigene Unternehmen am besten geeignete EAI-Tool vor, bzw. was sind die wichtigsten Auswahlkriterien die beachtet werden sollten? Diesem Themenschwerpunkt wird das nächste Kapitel auf den Grund gehen.

4.2 Auswahlkriterien bei der Anschaffung eines EAI-Tools

Ein Auswahlprozess einer Softwareinvestition sollte anhand bestimmter Kriterien und damit auch Ausschlusskriterien erfolgen. In diesem Kapitel werden entscheidende Kriterien und Kriteriengruppen beschrieben und zusätzlich ein Bewertungsmodell vorgestellt, dessen Praxistauglichkeit sich in verschiedenen Auswahlprozessen gezeigt hat.

4.2.1 Kriteriengruppen und Ausschlusskriterien

Wichtige Bedeutung für die Qualität eines Softwareauswahlprozesses hat die Festlegung von zu untersuchenden Kriterien. Dabei sollten Kriteriengruppen festgelegt werden anhand derer die Software beurteilt werden soll. Eine besondere Bedeutung kommt dabei den Ausschlusskriterien zu. Das Nichterfüllen dieser Kriterien führt im Auswahlprozess zum sofortigen Ausschluss des entsprechenden Softwareanbieters. Deshalb ist die Festlegung dieser Kriterien außerordentlich wichtig und muss bis zum Ende der Auswahl auf jeden Fall Bestand haben. Nachträgliche Änderungen bezüglich der Ausschlusskriterien führen unweigerlich zu einem Rücksprung im Auswahlprozess und damit zwangsläufig natürlich auch zu einer oft großen zeitlichen Verzögerung. Die festzulegenden Kriterien sind natürlich an die jeweilige konkrete EAI-Aufgabenstellung anzupassen, und können deshalb von Projekt zu Projekt stark variieren. Es gilt, die wichtigsten Anforderungen zum jeweiligen Projekt herauszustellen und die Kriterien danach zu definieren.

Eine grobe Orientierung kann hierbei die folgende Tabelle geben, in welcher wichtige und sinnvolle Kriterien gruppiert nach Haupt- und Unterkriterien aufgelistet werden:

---

[16] Vgl. www.computerwoche.de (Computerwoche online), „Wann sich eine EAI-Lösung rechnet", 31.10.02

Hauptkriterien	Unterkriterien
Organisation des Anbieters	• Größe • Internationale Standorte (nur Support von Interesse) • Hauptgeschäftsstellen
Produktpositionierung	• Positionierung (real time, near time, E-Business) • Unterstützung nach Ebenenmodell • Kunden • Branchen • Nutzerfreundlichkeit • Presse • Referenzinstallationen
Produkt (technisch)	• Core System Operating System • Anbindbare Quell-/Zielsysteme (Operating Systems) • Operator-Arbeitsplatz • Developing Client • Architektur • Kommunikation • Transaktionssicherheit • Skalierbarkeit
Ausbildung und Training	• Training • Dokumentation (Administration) • Dokumentation (technisch)
Sicherheit	• Verschlüsselung • Autorisierung
Connectivity	• CRM • SCM • ERP • Financial
Connectivity (Frameworks)	• Development • Application Servers • Middleware • Datenbanken • Datenquellen • Datenformate
Administration	• Design Workflow • Monitoring • Debugging • Error Handling • Alarmierung im Fehlerfall • Wartung • Statische Auswertungen
Service	• Produkt • Lösungen • Versionierung und Änderungsmanagement

Abb. 4: Wichtige Kriterien zur Orientierung beim Auswahl einer EAI-Lösung[17]

---

[17] Vgl. HMD 225, Juni 2002, Dangelmaier/Pape/Lessing/Rüther, „Klassifikation von EAI-Systemen", S. 68f

16

Die für die notwendige Lösung wichtigen Kriterien fließen nun in ein Bewertungsmodell ein. Das Vorgehen hierbei wird im nächsten Kapitel beschrieben.[18]

4.2.2 Bewertungsmodelle

Im Rahmen einer Softwareauswahl steht die Phase der Bewertung der unterschiedlichen Softwaresysteme im Mittelpunkt der Tätigkeit. In Theorie und Praxis werden viele verschiedene Methodiken beschrieben und angewendet, die in der Regel keinem Standard entsprechen. Im Folgenden wird daher die UFAB II-Methode und die Giga-Scorecard exemplarisch beschrieben.[19]

Die UFAB II-Methode („Unterlagen für Ausschreibung und Bewertung von IT-Leistungen) ist eine Methode zur Bewertung von Software und IT-Dienstleistungen. Die darin beschriebene Vorgehensweise wird im öffentlichen Dienst als Standardmethode zur Bewertung solcher Leistungen eingesetzt. Dabei werden zunächst Kriterienhauptgruppen festgelegt, welche im Anschluss durch weitere Untergruppen mit Einzelkriterien detailliert werden. Hierbei müssen, wie im vorigen Kapitel schon erwähnt, jeweils die Besonderheiten des jeweiligen Projektes berücksichtigt werden, so dass Baumstrukturen entstehen die projektabhängig unterschiedliche Detaillierungsgrade aufweisen. In der anschließenden Phase der Softwareauswahl werden die Einzelkriterien sowie die Gruppen- und Hauptgruppenkriterien dann gewichtet. Damit ergibt sich für jede betrachtete Softwarelösung ein gewichteter Baum, anhand dessen man die Brauchbarkeit der Lösung beurteilen kann. Die Art der Kriterien und deren Gewichtung entscheiden darüber ob ein Tool besser oder schlechter in der Bewertung abschneidet.[20] Die folgende Abbildung verdeutlicht die Systematik, welche hinter diesem Modell steht. Die Zahlen in den Rechtecken sind dabei die Gewichtung der einzelnen Kriterien, wobei die Zahlen in den Kreisen die Bewertung dieses Kriteriums für das jeweils bewertete Produkt darstellt:

---

[18] Vgl. HMD 225, Juni 2002, Dangelmaier/Pape/Lessing/Rüther, „Klassifikation von EAI-Systemen", S. 68f

[19] Vgl. CRM-Systeme, Buhl/Christ/Dangelmaier/Pape/Rüther, „Systementscheidung EAI", S. 244

[20] Vgl. HMD 225, Juni 2002, Dangelmaier/Pape/Lessing/Rüther, „Klassifikation von EAI-Systemen", S. 70

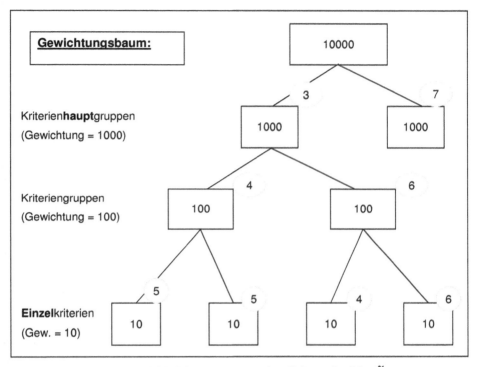

Abb. 5: Gewichtungsbaum nach UFAB II zur Bewertung eines Software-Produktes[21]

Die Art der Kriterien und deren Gewichtung entscheiden darüber, ob ein Tool besser oder schlechter in der Gesamtbewertung abschneidet. Die UFAB II-Methode bietet den Vorteil, dass die Kriterien detailliert und unternehmensspezifisch ausgewählt und gewichtet werden können. Dadurch wird eine hohe Qualität im Auswahlprozess gewährleistet, wenn die Vorbereitung sorgfältig durchgeführt wurde. Dadurch ist diese Methode jedoch auch relativ zeitaufwendig.

Ein weiteres Modell wurde von der Firma *Giga Information Group* entwickelt. Es handelt sich hierbei um eine so genannte „Scorecard" mit sieben fest vorgeschriebenen Kriterien. Die Kriterien können dabei wieder projektabhängig unterschiedlich gewichtet und individuell vereinbart werden. Die sieben Kriterien werden anhand einer Art Spinnennetz visualisiert wobei für jedes Softwaretool ein Netz aufgespannt wird. Auf diesem Netz kann nun für jedes zu unter-

---

[21] Vgl. CRM-Systeme, Buhl/Christ/Dangelmaier/Pape/Rüther, „Systementscheidung EAI", S. 246

18

suchende Tool zu jedem Kriterium eine Bewertung markiert werden. Je weiter außen auf dem Netz die Markierung gesetzt wird, umso besser. So ergibt sich für jede untersuchte Software-Unterstützung eine anschauliche Darstellungsweise der Stärken bzw. Schwächen wodurch eine Entscheidung leichter fallen dürfte. Auch hier soll die folgende exemplarische Darstellung zum Verständnis dienen:

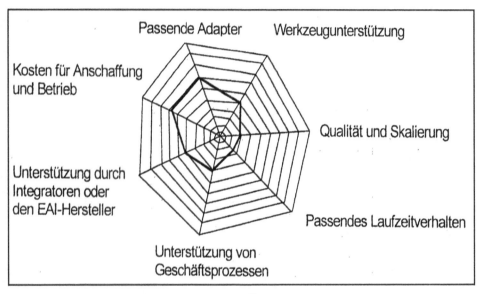

Abb. 6: Scorecard-Modell der Giga Information Group[22]

---

[22] Vgl. CRM-Systeme, Buhl/Christ/Dangelmaier/Pape/Rüther, „Systementscheidung EAI", S. 244

19

Abschließend soll noch kurz auf die sieben festgesetzten Kriterien im Scorecard-Modell eingegangen werden, da diese leicht zu erkennen geben, worauf es bei einem EAI-Tool im Wesentlichen ankommt:

• **Werkzeugunterstützung für individuelle Entwicklungen:**
- Werden passende Adapter für einzelne Integrationsprobleme angeboten? - Falls nicht, wie schnell kann eine individuell zu entwickelnde Schnittstelle implementiert wer-   den? - Stehen dafür entsprechende Werkzeuge zur Verfügung?
• **Passende Adapter bzw. Connectoren:**
- Werden passende Adapter zu anderen Systemen angeboten? - Wie ist dabei die Verfügbarkeit und Qualität? - Sind Connectoren vorhanden, die Anpassung an die Software zulassen (durch z.b. Parame-   ter)?
• **Qualität und Skalierung:**
- Könnte bei hohem Nachrichtenaufkommen ein Engpass entstehen? - Kann der Integrationsserver hierzu speziell skaliert werden? - Ist die Zuverlässigkeit der Dienste gesichert (z.b. durch Transaktionsmechanismen)?
• **Passendes Laufzeitverhalten:**
- Ergibt sich durch die Integration ein Performanceverlust? - Wie sollen die Transaktionen demnach ausgetauscht werden (Echtzeit, „Nachrichtenschlan-   ge", Datenreplikation, etc.)?
• **Unterstützung von Geschäftsprozessen:**
- Wird die Modellierung der Geschäftsprozesse ausreichend gut workflowbasiert unterstützt? - Existieren vordefinierte Standardprozesse?
• **Unterstützung durch Integration bzw. EAI-Hersteller:**
- Wird personelle Projektunterstützung beim Implementieren des Tools angeboten? - Hat der Anbieter dabei auch spezielle Branchenkenntnis bei der Unterstützung? - Gibt es externe Beratungsfirmen die für das Produkt Hilfe anbieten können?
• **Kosten für die Anschaffung und Betrieb:**
- Wie sieht das Preismodell aus? - Gibt es besondere Lizenzmodelle? - Wie lange ist man vertraglich an Zahlungen etc. gebunden? - Sind hohe Einmalzahlungen zu Beginn zu leisten, oder wird eine Finanzierung angeboten?

Abb. 7: Die sieben festgesetzten Kriterien der Scorecard der Giga Information Group[23]

---

[23] Vgl. CRM-Systeme, Buhl/Christ/Dangelmaier/Pape/Rüther, „Systementscheidung EAI", S. 244f

Zum letzten Kriterienpunkt bezüglich der Kosten sollte natürlich wie im vorigen Kapitel schon angesprochen eine spezielle und ausführliche Wirtschaftlichkeitsrechnung durchgeführt werden. Beide Bewertungsmodelle zeigen deutlich auf, dass es nicht *ein bestes* EAI-Tool gibt, sondern hierbei immer situationsspezifisch entschieden werden muss. Dazu spielt eine saubere und gut durchdachte Gewichtung der einzelnen Bewertungsfaktoren eine unheimlich große Rolle.

5. Zusammenfassung und Ausblick

Abschließend bleibt zu sagen, dass EAI tatsächlich eine neue Form der Anwendungsintegration ist. Die Idee zusätzliche Integration auf der Prozessebene zu schaffen lassen im Hinblick auf Geschäftsprozessoptimierung und Prozessautomatisierung einige IT-Verantwortliche in den Unternehmen aufhorchen. Dennoch steckt das Thema „Enterprise Application Integration" noch in den Kinderschuhen. Aufgrund der anhaltenden Schwächen im gesamten IT Markt hat auch der EAI-Markt noch seine Startprobleme. Die IT-Budgets sind klein und die Nachfrage damit zunächst noch gering. Kleine Anbieter mit sicherlich guten Produkten haben es aufgrund der hohen Forschungs- und Entwicklungskosten deshalb noch schwer. Die großen und mächtigen Big Player werden hier kaum zurückstecken, wenn es darum geht, die besten „Fische" zu angeln und den Markt unter sich aufzuteilen. Der Konsolidierungsprozess wie er in den USA bereits sehr fortgeschritten vorliegt setzt aktuell auch in Deutschland ein. Doch dies kann der Zukunft von EAI nur gut tun, denn wo große Softwarehäuser sind ist meist auch mehr Geld vorhanden, was den Entwicklungsprozess der EAI-Produkte stark vorantreiben wird. Und das ist auch nötig. Denn so wie der Markt noch in den Kinderschuhen steckt, so ist es die Idee des EAI ebenfalls. Noch ist es eine recht kostspielige Angelegenheit die sich oft nur für große Firmen mit hoher Schnittstellenanzahl lohnt. Außerdem ist eine Implementierung eines EAI-Tools bisher nur mit hohem Aufwand und großem Know-how möglich, was oft nur mit externer Unterstützung erfolgen kann. Dennoch sind dies normale Entwicklungsschritte einer solch komplexen Software-Idee, und es wird nur eine Frage der Zeit sein, bis sich hier standardisierte Routinen einspielen (z.B. bei der Installation und Administration). Somit ist auf jeden Fall mit einem Wachstum des EAI-Marktes zu rechnen, genauso, wie es fast alle Marktforscher voraussagen.

Auf der Nachfragerseite bekommt das Thema EAI einen immer höheren Stellenwert, auch wenn in deutschen Unternehmen oft schon eine sehr integrierte Systemlandschaft (oft dank

21

SAP R/3) vorherrscht. Doch gerade die standardisierte Möglichkeit der Schnittstellenintegration und deren Einbindung auf Prozessebene führen dazu, dass sich immer mehr für eines der innovativen Angebote der EAI-Entwickler interessieren. Dabei ist es sehr wichtig, die Anforderungen und Notwendigkeiten genau zu kennen, und einen sauber durchdachten und vorbereiteten Auswahlprozess durchzuführen. Wichtig ist, hierbei herauszufinden, ob sich ein EAI-Tool für die eigene Organisation überhaupt lohnt, sprich ob ein positiver Return on Invest geschaffen werden kann. Zudem sollte der Produktauswahl nicht überstützt gehandelt werden, da bisher noch sehr viele unterschiedliche EAI-Angebote auf dem Markt sind und nicht jedes die speziellen Anforderungen decken kann. Jedes Integrationsproblem hat unterschiedliche Anforderungen und diese müssen vom jeweils besten dazu passenden Produkt gedeckt werden. Dieses zu finden ist ein nicht zu unterschätzender Prozess, welcher mit Sorgfalt durchzuführen ist.

Alles in allem bleibt festzuhalten, dass EAI auf einem guten Weg ist. Firmen die sich für EAI entscheiden haben eine große Anstrengung zu bewältigen. Doch diese könnte sich lohnend auszahlen. Wer es versteht neben den internen Prozessen auch Schnittstellen zu Kunden und Lieferanten auf einer automatisierten Prozessebene einzubinden, wird mit großer Wahrscheinlichkeit von der Idee des EAI profitieren können.

Literaturverzeichnis

Meyer, M. [Hrsg.], (2002), CRM-Systeme mit EAI, darin: Buhl, L. / Christ, J. / Dangelmaier, W. / Pape, U. / Rüther, M., „Systementscheidung EAI", Braunschweig , Vieweg Verlag

Information Management & Consulting Ausgabe 17, (2002); „Nahaufnahme vom EAI-Markt", o. V.

HMD 225, Juni 2002, Schmietendorf, A. / Dimitrov, E. / Lezius, J. / Dumke, R., „EAI– Reifegrad, Architektur und Vorgehensweisen",

HMD 225, Popp, K. / Meinhardt, S. [Hrsg.], Juni 2002, Dangelmaier/Pape/Lessing/Rüther, „Klassifikation von EAI-Systemen", Wiesbaden, dpunkt Verlag

Internetquelle: www.computerwoche.de (Computerwoche online), Sinz, S., „Die Geschäfte gehen noch schlecht"; 31.10.2002

Internetquelle: www.computerwoche.de (Computerwoche online), Lehr, M. / Nelius, R., „Wann sich eine EAI-Lösung rechnet"; 31.10.2002

Keller, W., (2002), Enterprise Application Integration, Heidelberg, dpunkt Verlag

Nußdorfer, R., (2000); Das EAI-Buch, (elektronische Form)

www.ingramcontent.com/pod-product-compliance
Lightning Source LLC
La Vergne TN
LVHW042258060326
832902LV00009B/1111